数独不只是**数字游戏**这么简单

数独游戏大玩家

SUDOKU

一学就会的健脑数独

风靡全球二十多年的数字游戏

数独被称为“聪明人的游戏”和“头脑体操”，虽然规则简单却趣味万千，已成为备受人们追捧的益智休闲方式。因其对思维训练有独特的价值，风靡欧美和日本。

刘元宽◎改编

上海科学普及出版社

图书在版编目（CIP）数据

一学就会的健脑数独 / 刘元宽改编 . ——上海 ： 上海科学普及出版社，2018
（数独游戏大玩家）
ISBN 978-7-5427-7139-1

Ⅰ．①一… Ⅱ．①刘… Ⅲ．①智力游戏－青少年读物 Ⅳ．① G898.2

中国版本图书馆 CIP 数据核字（2017）第 330957 号

责任编辑　吴隆庆

一学就会的健脑数独
刘元宽　改编
上海科学普及出版社出版发行
（上海中山北路 832 号　邮政编码 200070）
http://www.pspsh.com

各地新华书店经销　北京兰星球彩色印刷有限公司
开本 787mm×1092mm　1/16　印张 13　字数 180 千字
2018 年 8 月第 1 版　2018 年 8 月第 1 次印刷

ISBN 978-7-5427-7139-1　　定价 29.50 元
本书如有缺页、错装或坏损等严重质量问题
请向出版社联系调换

前 言

2004年，名为"数独"的数字益智游戏风靡欧洲。短短的几个月，这种游戏便席卷了整个世界。

数独游戏是一种随手能玩的游戏，电脑上能玩，手机上能玩，纸上更能玩。从澳大利亚到法国，从美国到日本，报纸杂志纷纷刊登这种填数游戏。在英国，数独不仅已发展成全民游戏，还有教师主张用它来训练学生的数学能力。如今，数独这场智力旋风正劲吹我国，逐渐成为一种休闲时尚，开创了一种崭新的益智休闲生活方式。

数独游戏的规则简单，不需要填字游戏所要求的语言和文化背景知识，只需要认识9个数字就能够开始冲锋陷阵，因而它大受欢迎也就不难理解了。数独富于变化，据统计，数独游戏有约66万亿亿种变化，游戏者穷其一生，也无法破解所有的数独谜题。

数独游戏可以有效锻炼人的观察能力、逻辑能力、推理能力和思维能力，同时也是对毅力的一种考验，对青少年的成长尤其有益。往往看似山穷水尽疑无路，但只要变个角度、换种思维，坚持下去，就有可能换来柳暗花明又一村的全新格局。数独游戏展现的这种独特的魅力，使无数人为之折腰。

为了推动数独游戏蓬勃、健康、迅速地发展，本书编写组多方搜集资料，精心编排，编写了这套"数独游戏大玩家丛书"，以献给广大数独爱好者。

"数独游戏大玩家丛书"共有五本，分别是《不可思议的数独世界》

《一学就会的数独游戏》《一学就会的健脑数独》《一学就会的数独进阶测验》《一学就会的数独入门》。

丛书从数独的来历、数独的规则、数独的解法技巧等入手,内容深入浅出、通俗明了地让读者了解数独世界,学会玩数独游戏,享受数独游戏的快乐。

受视野和水平所限,本书难免有不足之处,敬请读者批评指正。

目 录
CONTENTS

☆☆段位训练 /1

☆☆☆段位训练 /34

☆☆☆☆段位训练 /67

☆☆☆☆☆段位训练 /101

答　案 /135

☆☆段位训练

第 1 题

难度系数　★☆☆☆

		9			1	6	2	
5	7			2	8		3	
3			7					4
8	9			7		4		
	6		5		3		9	
		1		9			7	6
6					7			8
	4		1	3			6	5
	2	7	6			9		

第 2 题

难度系数　★☆☆☆

3	9			1			4	8
8	4		9		5		6	2
		9	1		8	2		
	2						5	
		1	6		4	3		
5	8		7		1		2	3
2	1			8			9	7

很简单的，不要填错哦！

第 3 题

难度系数 ★☆☆☆

4	8			1			2	9
		1	2		9	5		
6								3
	7			5			3	
		9	3		4	7		
	1			2			9	
2								1
		3	8		6	9		
9	5			3			6	7

很简单的，不要填错哦！

第 4 题

难度系数 ★☆☆☆

	4	6		9		5	1	
		2	3		1	9		
			6		5			
6	7						5	4
	8						6	
5	2						9	8
			7		4			
		5	2		9	8		
	6	1		8		7	2	

很简单的，不要填错哦！

第 5 题

难度系数 ★☆☆☆

		1				5		
	8				6	2	9	
6	3		2					4
	5		8		9	7		
				1				
		9	5		7		3	
5					1		6	9
	9	3	7				1	
		2				3		

很简单的，不要填错哦！

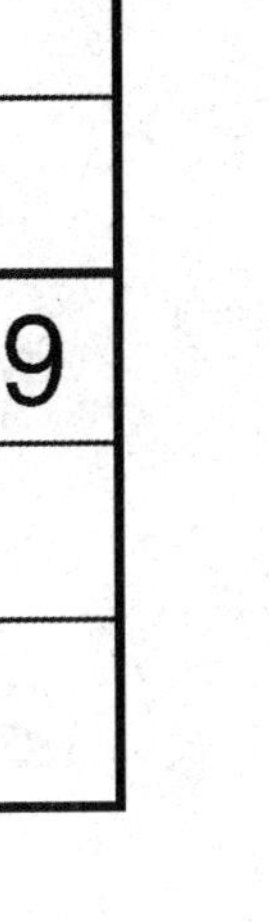

第 6 题

难度系数　★☆☆☆

9	1						3	7
		2				6		
8			6		9			5
	9		3		2		5	
		4		8		7		
	6		7		1		8	
6			2		8			4
		1				3		
2	5						1	9

很简单的，不要填错哦！

第 7 题

难度系数　★☆☆☆

8	3			1				
						4		
1			2	8				3
9		4		6			1	7
			4		5			
2	1			8		3		6
3			2	7				5
		9						
			8			6		2

很简单的，不要填错哦！

第 8 题

难度系数　　★☆☆☆

		8				6		
	5			4			8	
7	9		6		8		4	5
4				5				6
			2		1			
2				7				3
9	1		5		7		3	8
	3			6			2	
		4				7		

很简单的，不要填错哦！

第 9 题

难度系数 ★☆☆☆

					7			4
8							6	
5	4		9	2				1
4	5	9		1				3
2								9
1				3		4	8	2
7				5	8		9	6
	1							5
6			7					

很简单的，不要填错哦！

第 10 题

难度系数　★☆☆☆

				9		4		
	9	2	5	6	3	8	1	
6								5
5				4		8		3
	7						5	
2				7		9		1
7								4
	1	4	3	8	5	7	6	
				2		7		

很简单的，不要填错哦！

第 11 题

难度系数 ★☆☆☆

	8		4			7		
		6		3	9			8
4		9		1		5	2	
	7			5				1
	5	2	7		6	3	8	
9				8			7	
	4	7		2		8		3
2			1	4		6		
		5			3		9	

很简单的，不要填错哦！

第 12 题

难度系数 ★☆☆☆

			6		4			
5		1				4		8
	6		5		3		2	
4			3		2			6
3		5				7		4
8			7		9			5
	4		9		6		5	
6		7				8		2
			8		1			

很简单的，不要填错哦！

第 13 题

难度系数　★☆☆☆

2								3
		3		4	1	5		
	9		5				6	
		6		2		3	1	
	2						7	
		5	9		6		8	
	3				5		9	
		1	7	2		6		
6								5

很简单的，不要填错哦！

第 14 题

难度系数 ★☆☆☆

						7	4	
	9		5		6		1	
8	1	2	7					
	5				4			7
6				8				3
1			3				2	
					3	4	7	6
	8		4		1		9	
	6	5						

很简单的，不要填错哦！

第 15 题

难度系数　★☆☆☆

5		9			7		4	
			2	9		3		
	7					1		
	2	1	9	4			7	
				3				
	4			7	8	5	1	
		7					8	
		6		2	1			
		5		7			4	9

很简单的，不要填错哦！

第 16 题

难度系数 ★☆☆☆

4								2
	2	7	4		8	9	1	
			7	9	2			
3	8						9	5
		9				6		
6	4						7	1
			6	3	1			
	1	8	5		9	3	4	
2								9

很简单的，不要填错哦！

第 17 题

难度系数 ★☆☆☆

		3				1		
6	9		3		4		8	2
	2			8			7	
4			9		1			8
	3						9	
2			8		3			1
	4			9			1	
9	8		4		7		3	5
		5				6		

很简单的，不要填错哦！

第 18 题

难度系数　★☆☆☆

	3	1				7	2	
		4		6		3		
			1		9			
2		8	5		3	4		7
	1						3	
3		7	6		4	8		2
			7		6			
		9		2		1		
	6	5				2	7	

很简单的,不要填错哦!

第 19 题

难度系数 ★☆☆☆

5								4
		3	2	8	6	5		
9		1				3		2
	4		9		1		3	
2								5
	3		8		5		2	
7		6				4		8
		2	6	1	4	7		
3								9

很简单的,不要填错哦!

第 20 题

难度系数　★☆☆☆

9				7				6
1			9		8			5
		3		6		1		
	7		6	8	1		2	
		5				6		
	1		5	9	2		3	
		7		5		9		
6			2		9			3
5				4				8

很简单的，不要填错哦！

第 21 题

难度系数 ★☆☆☆

9		2		7		8		
		4			9		6	
1	3		5					2
4				8	5		1	
	8	9	4		1	6	7	
	1			3	6			8
8					2		3	6
	5		6			9		
		7		4		2		1

很简单的，不要填错哦！

第 22 题

难度系数　★☆☆☆

						3		
	8				3			9
	2	4		7			8	6
9					5	4		8
				4		2		
1		6	9					5
5	6			3		1	4	
4			5				9	
	7							

很简单的，不要填错哦！

第 23 题

难度系数 ★☆☆☆

					2	1		
	6	9		4			7	
4				1			6	
3			8		5			
	9	1				7	3	
			9		1			5
	7			5				2
	3			2		4	1	
		2	4					

很简单的，不要填错哦！

第 24 题

难度系数 ★☆☆☆

3	5			1	8			2
				7			1	9
						7		
		4	8		1		7	
9				4				8
	8		6		2	9		
		5						
8	9				5			
	3		2	7			5	6

很简单的，不要填错哦！

第 25 题

难度系数 ★☆☆☆

	1						2	
		5	4		1	9		
8		6		9		7		5
7			3		4			6
	2						7	
4			7		9			1
9		7		5		3		8
		2	6		8	1		
	8						5	

很简单的，不要填错哦！

第 26 题

难度系数　　★☆☆☆

7		8		1		9		4
	3	2				6	7	
4				1		9		7
		6		2		8	4	
2			5		3			8
	9	3				2	1	
6		7		9		5		3

很简单的，不要填错哦！

第 27 题

难度系数　★☆☆☆

1							4	9
			8					
8	2		7			6	1	3
					9	5		6
	6						8	
5		9	6					
4	8	5			7		9	2
					2			
7	9							4

很简单的，不要填错哦！

第 28 题

难度系数 ★☆☆☆

		8	2	7	1	6		
		6				8		
7								5
2			1		3			6
3	5		6		9		4	7
8			7		5			3
1								4
		5				3		
		9	8	5	7	1		

很简单的，不要填错哦！

第 29 题

难度系数　★☆☆☆

		3	4		8	2		
	7		1		2		4	
	1						6	
3				4				6
7		2				8		5
5				2				3
	3						5	
	5		6		7		3	
		9	5		4	1		

很简单的，不要填错哦！

第 30 题

难度系数　★☆☆☆

		9				1		
5				7				4
		7	9	1	5	8		
9		2				4		8
	7		2		8		3	
3		5				2		7
		8	3	9	4	7		
4				6				9
		6				3		

很简单的，不要填错哦！

第 31 题

难度系数 ★☆☆☆

4				3	2	1		5
	5		7	6	4			9
	2					7	6	
8			4		1		9	
3				5	7	4		8
2	4	6	8			5		
	3	2	5	4			1	6
				7		8		
					6	3	4	

很简单的,不要填错哦!

一学就会的健脑 数独 YIXUEJIUHUI DE JIANNAO SHUDU

第 32 题

难度系数　★☆☆☆

2						9		1
		5				6		
1				4		3	2	7
	1	7	8					
			3		5			
					7	1	8	
3	4	6			1			2
		2				8		
9			7					4

 很简单的，不要填错哦！

第 33 题

难度系数 ★☆☆☆

7	2	5		6	1			4
								1
		6			5			
		8		3	6	4	7	
4	3	1	7					
2		7		5	4		3	
1	7		5	4			8	
3	8					2		
6			8	2	3	7	1	9

很简单的，不要填错哦!

☆☆☆段位训练

第 34 题

难度系数 ★★☆☆

		1		9		2	7	
		9			2		5	
2					3			
3				1	4			2
	8						4	
1			2	8				5
			9					7
		1		3		9		
		4	6		7		5	

第 35 题

难度系数　★★☆☆

			4		9			
	8			2		7		
	2		5		7	1		6
3			8				6	
7	6						3	1
	1				6			2
2		5	9		8		4	
	9			7			1	
				6		5		

笑不出来了吧，等着瞧，看谁更厉害!

第 36 题

难度系数 ★★☆☆

						9	4	5
		6						
5	2		1		3	8		7
		9		3	1			
		3		8		1		
				4	6		2	
7		5	2		8		1	9
						3		
8	6	1						

笑不出来了吧，等着瞧，看谁更厉害！

第 37 题

难度系数 ★★☆☆

2			7				5	
				4	8			6
					2	3		9
9			6			2	4	
	7			2			8	
	2	5			1			3
8		4	9					
6			4	8				
	9				3			8

笑不出来了吧，等着瞧，看谁更厉害！

第 38 题

难度系数 ★★☆☆

	6	5				3		
2				6	7	9		
	4		3					1
		6		5				4
			4		2			
7				8		1		
6					4		1	
		8	5	7				6
		1				8	3	

笑不出来了吧，等着瞧，看谁更厉害！

第 39 题

难度系数 ★★☆☆

	2	7	9					
	5				2		8	4
		8				2		7
	7			3				6
			8	1	7			
3				4			2	
1		6				8		
2	4		6				1	
					5	6	4	

笑不出来了吧，等着瞧，看谁更厉害!

第 40 题

难度系数 ★★☆☆

9			2	7	8	1		
		1		3		2	4	9
		3						
		3		8				
		7				5		
					4		3	
						3		
5	7	8		4		9		
		4	5	1	6			7

笑不出来了吧，等着瞧，看谁更厉害!

第 41 题

难度系数 ★★☆☆

		6			7			9
8				3		1		
9			6		5		3	
		3					1	8
				9		1		
2	1					6		
	6		7		3			1
		9		2				4
7			8			5		

笑不出来了吧，等着瞧，看谁更厉害！

第 42 题

难度系数　★★☆☆

4	7		1		8		2	9
		6	9	2	7	1		
	9		6		1		3	
3								4
	4		7		9		8	
		4	8	7	5	3		
5	8		4		3		9	7

笑不出来了吧，等着瞧，看谁更厉害！

第 43 题

难度系数 ★★☆☆

	5		8		1		9	
7	3						5	4
8				3				1
		8	3		2	1		
		6	7		4	5		
1				5				9
3	8						1	2
	4		6		8		3	

笑不出来了吧,等着瞧,看谁更厉害!

第 44 题

难度系数　★★☆☆

		3					4	
4	1				5		2	
				9	2			3
	4	1		5				
		9	8		3	4		
				7		6	8	
2			7	6				
	6		2				9	8
	3					7		

笑不出来了吧，等着瞧，看谁更厉害！

第 45 题

难度系数　★★☆☆

					2	3	8	5
	7							9
				8			6	1
7				1		5		
	5		7		9		3	
		1		3				8
8	1		6					
6							2	
9	3	5	4					

笑不出来了吧，等着瞧，看谁更厉害！

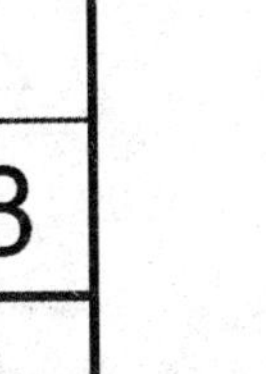

第 46 题

难度系数 ★★☆☆

3		1				2		9
				1		6		
5	4						8	1
			6	1	3			
2			9		5			3
			8	4	2			
1	9						3	5
			4		8			
4		2				8		7

笑不出来了吧,等着瞧,看谁更厉害!

第 47 题

难度系数 ★★☆☆

	2						1	
			8		5			
8		1				6		4
	3	2	7		4	5	9	
6								8
	8	5	2		9	1	7	
2		8				4		9
			4		1			
	9						5	

笑不出来了吧，等着瞧，看谁更厉害！

第 48 题

难度系数 ★★☆☆

2								8
		5	3		2	4		
	9		1		5		2	
	5	3		6		9	1	
		2				3		
	8	6		9		5	7	
	6		7		8		4	
		9	6		4	7		
3								1

笑不出来了吧，等着瞧，看谁更厉害！

第 49 题

难度系数　★★☆☆

					2	9	3	
							1	5
	4	6						7
	6		8		4			9
		8	1		7	6		
4			2		9		5	
3							2	9
7	9							
	2	5	3					

笑不出来了吧，等着瞧，看谁更厉害!

第 50 题

难度系数 ★★☆☆

2		6	9		7			
	9	5				6	3	
				3		2		
	5			4				1
			3		2			
4				7			6	
		1		6				
	7	9				1	8	
			1		8	4		9

笑不出来了吧，等着瞧，看谁更厉害！

第 51 题

难度系数 ★★☆☆

			4				8	3
	5		7	9				6
2			8			4		
7				3				8
		1				2		
5				4				7
		7			6			1
9				1	4		3	
1	4				9			

笑不出来了吧,等着瞧,看谁更厉害!

第 52 题

难度系数 ★★☆☆

8		4	5		9	6		1
	9	1				7	4	
				3				
7			4		8			6
		3				9		
4			9		3			2
				9				
	7	6				5	8	
9		2	8		7	1		3

笑不出来了吧，等着瞧，看谁更厉害！

第 53 题

难度系数 ★★☆☆

				5				
3	2		4		9		6	5
	7						1	
	4	7		8		6	3	
			5		2			
	6	9		4		1	5	
	1						8	
8	3		6		7		4	9
				2				

笑不出来了吧，等着瞧，看谁更厉害！

第 54 题

难度系数 ★★☆☆

	4	1			8			2
	2		4	1				
	3							5
			5		1	7		9
	5					6		
4		9	2		7			
3							1	
				8	2		3	
6			7			4	9	

笑不出来了吧，等着瞧，看谁更厉害！

第 55 题

难度系数 ★★☆☆

	7			6			4	
				1		9		
	2	5					7	6
5		1	6		7	3		4
				5		2		
2		9	8		4	6		5
	9	7					2	8
				9		1		
	1			8			9	

笑不出来了吧，等着瞧，看谁更厉害！

第 56 题

难度系数　★★☆☆

4								7
	6		8	4	9		2	
9				2				3
	7		5	9	2		3	
		9				2		
	4		6	8	3		5	
7				1				8
	8		7	3	4		1	
2								4

笑不出来了吧，等着瞧，看谁更厉害！

第 57 题

难度系数　★★☆☆

6		9				4		2
	2		7		9		1	
		8				5		
9			3		4			5
				1				
3			6		7			4
		7				6		
	3		5		1		4	
4		1				3		9

笑不出来了吧，等着瞧，看谁更厉害！

第 58 题

难度系数　★★☆☆

				2	9			
6								5
	1	9	6			3		
	7	8	5				4	9
			1			5		
4	5				7	2	8	
		2			1	6	9	
3								2
			7	3				

笑不出来了吧，等着瞧，看谁更厉害！

第 59 题

难度系数 ★★☆☆

1			2				7	3
6				7	9			
		4				5		
	9		1		3			8
	8						4	
3			6		2		1	
		7				1		
			9	5				7
8	3				7			5

笑不出来了吧，等着瞧，看谁更厉害！

第 60 题

难度系数　★★☆☆

5	2						3	6
		1	8		6	4		
		7		4		5		
	4		6		3		8	
		2				9		
	5		4		1		6	
		6		3		2		
		8	2		7	6		
2	7						1	4

笑不出来了吧，等着瞧，看谁更厉害！

第 61 题

难度系数 ★★☆☆

7				6				5
3	2	4				6	9	8
	6						2	
		7	3		4	8		
			1		6			
		6	9		2	5		
	3						5	
6	4	2				7	8	3
1				2				9

笑不出来了吧,等着瞧,看谁更厉害!

第 62 题

难度系数　★★☆☆

			6	1				
		•	8			4	9	6
6	9							7
7		6					8	
1	5						3	9
	2					7		4
2							7	8
	8	6	1		9			
				6	3			

笑不出来了吧，等着瞧，看谁更厉害！

第 63 题

难度系数 ★★☆☆

	1	4				3		
				8			9	4
2				6		5		8
					5		9	
	7	1					2	8
	6		9					
1		5		2				4
	2	3			8			
		9				8	6	

笑不出来了吧，等着瞧，看谁更厉害!

第 64 题

难度系数 ★★☆☆

5	6	4			1			
					9	8		6
				3	4			
7				4			8	3
	5						9	
1	2			8				5
			4	7				
8		2	5					
		2				5	3	7

笑不出来了吧，等着瞧，看谁更厉害！

第 65 题

难度系数　★★☆☆

			3					8
5	3		7					4
		4			8	2		9
	5	1						
	9						8	
						3	5	
4		7	8			6		
6					2		1	7
3				4				

笑不出来了吧，等着瞧，看谁更厉害！

第 66 题

难度系数 ★★☆☆

	1	3				5	7	
9				5		6		1
6								3
	7				8		5	
1		9		6		8		7
	6				4		3	
8								2
2			8		7			5
	3	6				9	1	

笑不出来了吧，等着瞧，看谁更厉害！

☆☆☆☆ 段位训练

第 67 题

难度系数 ★★★☆

	1						8	
			7		2			
5				9				4
3		7				1		2
		8	3		6	4		
6		5				8		9
7				3				6
			1		8			
	3						4	

第 68 题

难度系数　★★★☆

9				3				
	7					8	9	
		2		5				1
				7	5		4	2
	3						1	
7	4		3	1				
3				4		2		
		6	1				7	
				8				4

真不简单，居然闯到这道关了，加油啊!

第 69 题

难度系数 ★★★☆

						8	7	
		8	2					1
9			8	7				
	4			6		5	3	
	7	6		3			8	
				8	4			2
5					2	9		
		1	3					

真不简单,居然闯到这道关了,加油啊!

第 70 题

难度系数　★★★☆

1			9				3	5
	7				3		2	
		6		1				
3				6				
2	5						8	3
				5				9
				3		8		
	9		6				4	
5	8				7			1

真不简单,居然闯到这道关了,加油啊!

第 71 题

难度系数 ★★★☆

	6							
9	7		8			6	2	
		1			3			5
6		4		1		2		
		5		7		8		1
3			7			4		
	5	6			8		1	7
						6		

真不简单，居然闯到这道关了，加油啊！

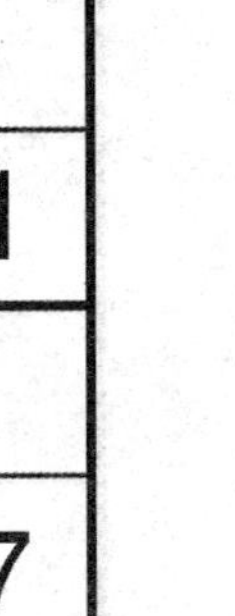

第 72 题

难度系数 ★★★☆

				2			9	
	1	6				8	4	
7						3	6	
6	4			7		8		
		7		6			3	5
		8	4					9
		4	1			2	5	
	7				2			

真不简单，居然闯到这道关了，加油啊！

第 73 题

难度系数 ★★★☆

1			2		3			9
		6				2		
		3	7		8	4		
6								3
	3	9				1	7	
4								5
		4	8		2	7		
		1				9		
2			4		9			8

真不简单,居然闯到这道关了,加油啊!

第 74 题

难度系数 ★★★☆

			9		3		1	
7	5						4	9
	1						7	
8				2	6	1		7
4				5	9	7		3
		8					5	
2	6						1	8
		7		8		6		

真不简单,居然闯到这道关了,加油啊!

第 75 题

难度系数　★★★☆

2	9						1	7
				7		3		
	7						6	
6				5				3
9	3			8			4	6
4				6				2
	5						8	
			6		5			
3	4						2	1

真不简单，居然闯到这道关了，加油啊！

第 76 题

难度系数 ★★★☆

	3			5			4	
2		9				3		8
		7				6		
				1		4		
	8						1	
				8		7		
			6			4		
5		8				1		7
	4			3			8	

真不简单，居然闯到这道关了，加油啊！

第 77 题

难度系数 ★★★☆

				2			8	
	4				9	5	2	
		7	4	6			5	9
		3				1		
5	6			9	8	4		
	3	9	1			7		
	2			3				

真不简单，居然闯到这道关了，加油啊！

第 78 题

难度系数 ★★★☆

	4	7	8					
8	1						6	7
								5
				4	3			
	5	4		7			1	8
			5	9				
6								
5	3						9	1
					7	3	5	

真不简单，居然闯到这道关了，加油啊！

第 79 题

难度系数　★★★☆

	4			5			3	
9	5						1	2
		2				6		
8			5		6			9
1			7		4			5
		3				8		
2	8						9	7
	7			6			4	

真不简单，居然闯到这道关了，加油啊！

第 80 题

难度系数　★★★☆

					9			
1		6			8			
				7	4	2		9
5							4	
			7	2		1	5	
	8							1
8		4	5		1			
			4				6	8
			7					

真不简单，居然闯到这道关了，加油啊！

第 81 题

难度系数 ★★★☆

5		1				9		6
7				6				3
			7		2			
		3		1		5		
	5			8			4	
		8		2		7		
			8		6			
8				7				9
6		9				3		5

真不简单,居然闯到这道关了,加油啊!

第 82 题

难度系数　★★★☆

	5		4			2		9
					5			4
	7			6				
9							5	8
		4		7		3		
8	2							7
				9			6	
6			7					
1		2			6		3	

真不简单，居然闯到这道关了，加油啊！

第 83 题

难度系数　★★★☆

		1				3		
		2				7		
			8	2	3			
2				9				6
	1		4		5		7	
3				7				4
			7	6	2			
		7				5		
		8				4		

真不简单，居然闯到这道关了，加油啊!

第 84 题

难度系数 ★★★☆

9	3			6				5
	1						3	8
				8				
				5		2	8	
7								9
		2	1		4			
					1			
1	4						2	
5				2			8	7

真不简单，居然闯到这道关了，加油啊！

第 85 题

难度系数　★★★☆

		7			4			8
		8						3
				6	1	2		
				4			7	
2		4				3		9
	9			2				
		6	1	9				
5						8		
9			7			6		

真不简单，居然闯到这道关了，加油啊！

第 86 题

难度系数 ★★★☆

	3							5
	8	9		3		1		
2								
9					7	5		6
			6		5			
5		2	3					4
								9
		7		1		2	3	
6						5		

真不简单,居然闯到这道关了,加油啊!

第 87 题

难度系数 ★★★☆

			8		1			
9								3
		4				2		
			2		4			
	1						6	
	8	9				5	2	
	9	6		5		3	1	
		5		2		7		
		4		6		3		8

真不简单,居然闯到这道关了,加油啊!

第 88 题

难度系数　★★★☆

		3		6		9		
			3		2			
6			5	4	9			2
	9	6				3	8	
5		8				2		6
	3	2				1	7	
8			2	3	4			1
			8		7			
		5		1		8		

真不简单，居然闯到这道关了，加油啊！

第 89 题

难度系数 ★★★☆

								7
				3	6			
					8	1		6
				7			1	
	6			4			8	2
	4	7	5	8		3		
		1			5	2		
			9	6				1
9		2	1			5		

真不简单，居然闯到这道关了，加油啊！

第 90 题

难度系数 ★★★☆

2		7				4		6
		3	6		8	5		
	7	2	3		4	1	6	
	5		1		9		2	
	8	4	2		5	7	9	
		9	8		2	6		
7		8				9		1

真不简单，居然闯到这道关了，加油啊！

第 91 题

难度系数 ★★★☆

4				8		3		
		1						4
	8		7	4				
		6		7	9			3
2		8	5			9		1
				2			4	
1				9				
					4			6
		9		3	6		5	

真不简单，居然闯到这道关了，加油啊！

第 92 题

难度系数 ★★★☆

	2	4		6				
	4	7		6	8			
6			5					4
8		9	2		1	5		6
2		5	4		3	9		7
9				2				5
		1	8		4	2		
		7		9		1		

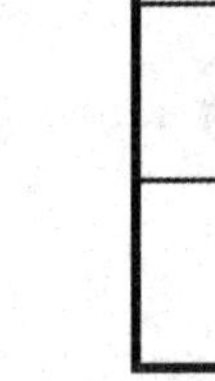

真不简单，居然闯到这道关了，加油啊！

第 93 题

难度系数　★★★☆

		1				9		
		4	2		8	7		
	7	3					2	8
7		9				1		3
				6	7	3		
					1			
	6		7		9		4	
		7				3		
2			5		1			9

真不简单，居然闯到这道关了，加油啊！

第 94 题

难度系数 ★★★☆

		3			9			
6		8			7		3	
	2			6				
				8			6	4
8			3		4	2		
	9		2	1				
							7	5
	1		4			6		
				7			9	

真不简单,居然闯到这道关了,加油啊!

第 95 题

难度系数　★★★☆

				5			3	6
	8							
4		5	1			9		
8		4	3		1		9	
3				8			6	
5		6	9		4		2	
7		1	6			2		
	5							
				1			7	5

真不简单，居然闯到这道关了，加油啊！

第 96 题

难度系数　★★★☆

						5		
	1				3			
		9	5			1		6
5	3		8			6	9	
	1		2					
9	2		7			4	1	
			5	6		8		4
2				4				
						7		

真不简单，居然闯到这道关了，加油啊！

第 97 题

难度系数 ★★★☆

			3	7	5		6	
						5	3	1
	5			3	9			
1		5				2	4	6
7		4				3		
		7		5	6			
4	5			9			2	7
	6			1			8	

真不简单，居然闯到这道关了，加油啊！

第 98 题

难度系数　★★★☆

2								5
7			1	8	6			9
5			7	2	8			6
	7	3	5			1	8	4
	9	5	4		3	7	2	
3			2		9			4
	1						6	

真不简单，居然闯到这道关了，加油啊！

第 99 题

难度系数　★★★☆

						5	7	9
2	8	5		6				3
		1		5	9			6
4				1				9
9			4	3		2		
3				7		9	6	1
	2	9	3					

真不简单，居然闯到这道关了，加油啊！

第 *100* 题

难度系数 ★★★☆

						6	5	
	3		7		1		9	2
9	2			1			7	6
		8	5		7	3		
3	7			9			2	5
5	1		9		2		3	
		2	4					

真不简单，居然闯到这道关了，加油啊！

☆ ☆ ☆ ☆ ☆ 段位训练

第 101 题

难度系数 ★★★★

6					5		3	8
7					8	2		
				6			5	
2		8	7		9			6
1				2		3	7	5
	9					2		
		2	1					4
3	6		4					2

第 102 题

难度系数 ★★★★

5		8				3	2	
		1			5			7
		6						1
8				6	1			
		4		9		2	7	
					7	8		6
2							7	
1				3		6		
		7	6				2	8

耶，成功了！你是最棒的！

第 103 题

难度系数 ★★★★

2								4
		3				6		
7			4		6			5
	2		8		4		3	
			7		9			
	9		1		3		8	
4			2		1			8
		2				4		
6								7

耶，成功了！你是最棒的！

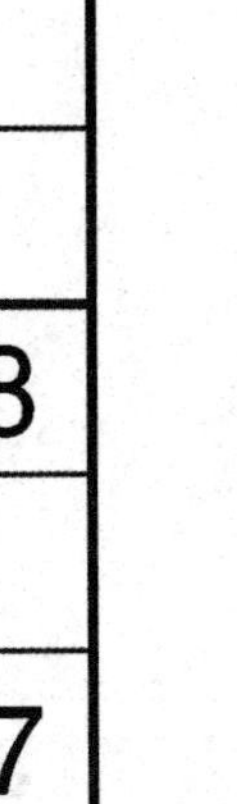

第 104 题

难度系数　★★★★

					1	4		6
		6					8	
3	8			6	2			
4				1				
	5	3				6	4	
				5				9
			1	4			2	7
	3					8		
9		2	5					

耶，成功了！你是最棒的！

第 105 题

难度系数　★★★★

6				2				
2	4			9	1			
	8	3						
	2					1		3
		4	9		6	7		
5		6					8	
						5	3	
			2	5			1	7
				8				6

耶，成功了！你是最棒的！

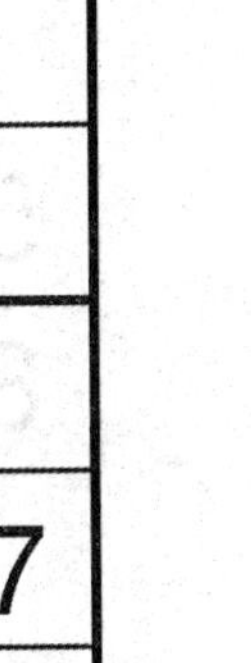

第 106 题

难度系数 ★★★★

1			6			8	3	
					1		5	
	8		5			6		9
				4				2
		8				3		
5				7				
8		6			2		7	
	5		7					
	7	9			6			3

耶，成功了！你是最棒的！

第 107 题

难度系数 ★★★★

	7					1	6	9
				1		8		
			8		7	3		
	3				2			8
		2				5		
6			7				3	
		3	6		5			
		5		8				
9	8	6					2	

耶，成功了！你是最棒的！

第 108 题

难度系数 ★★★★

		4	2		6	9		
							3	
		9	4	1				5
					1	7		4
	9						5	
7		3	9					
6				8	5	3		
	3							
		8	3		7	2		

耶，成功了！你是最棒的！

第 109 题

难度系数 ★★★★

8					6	1		
3						7		
9			7		5			
		2		7			8	4
4	7			9		5		
			5		2			6
		1						8
		4	1					7

耶,成功了!你是最棒的!

第 110 题

难度系数 ★★★★

	6		5		9		1	
		9		3		2		
8								7
		1				5		
	9		6		1		4	
		7				3		
9								5
		5		9		4		
	7		8		4		2	

耶,成功了! 你是最棒的!

第 *111* 题

难度系数 ★★★★

2			1		5			3
		9	3		7	2		
	8			6			3	
	7						5	
	5			7			9	
		7	9		1	8		
1			6		2			7

耶，成功了！你是最棒的！

第 112 题

难度系数 ★★★★

9					3	4		
						7		
	5			8	1			
6			1			9		4
7								8
2		8			4			6
			3	5			2	
		1						
		2	4					7

耶，成功了！你是最棒的！

第 113 题

难度系数 ★★★★

	3	1						
	2					4	3	7
	5			7				9
			3		9			
		8				6		
			8		5			
4				2			8	
6	8	7					4	
						1	7	

耶,成功了!你是最棒的!

第 114 题

难度系数 ★★★★

		7						2
		1		8			9	6
	2				9	3		
				4				
		5	9		6	1		
			3					
		2	8				5	
1	4			5		7		
7						6		

耶，成功了！你是最棒的！

第 115 题

难度系数　★★★★

					9		4	
		2					7	6
9			7		5			
					7		2	
3								8
	4		1					
			3		6			5
1	2					3		
		9		8				

耶，成功了！你是最棒的！

第 116 题

难度系数 ★★★★

			9			8		
4	9							
5				3			7	
				2		1		
		8	4		1	2		
		6			7			
	6			5				3
							4	2
		4			8			

耶,成功了!你是最棒的!

第 117 题

难度系数 ★★★★

	4			9		7		5
		3					1	
	1							
6					4			1
		7	6		2	8		
2			5					3
							2	
	5					9		
3		9		7			8	

耶，成功了！你是最棒的！

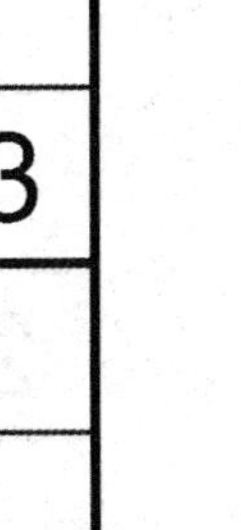

第 118 题

难度系数 ★★★★

5					8			
8		4	3				6	
				1				8
	5	6		4				
				3		8	2	
2				5				
	1				9	4		6
			4					5

 耶，成功了！你是最棒的！

第 119 题

难度系数 ★★★★

	9		3					
	1			9			5	
		8		5			7	
						1		8
6			9		8			3
9		4						
	2			7		9		
	6			4			2	
				9		8		

耶,成功了!你是最棒的!

第 120 题

难度系数　★★★★

			4					2
		4		1	2			9
	7				8			
	2			9		1	7	
				8				
	6	1		5			4	
			9				5	
6			1	2		3		
1				3				

耶，成功了！你是最棒的！

第 121 题

难度系数　★★★★

1				3	4			9
7	4							
				8		2		
	9		7	2		1	5	
	1	7		9	3		2	
		3		5				
							9	6
6			9	7				5

耶，成功了！你是最棒的！

第 122 题

难度系数 ★★★★

	6						2	7
			5	1				
7			8					9
5	4			7				
			4		8			
				3			8	2
3					2			1
				6	3			
6	9						3	

耶，成功了！你是最棒的！

第 123 题

难度系数 ★★★★

			3	4				
2						4		7
	7				8			5
		3			1			2
		9		6		8		
7			2			3		
5			6				1	
1		2						9
				1	4			

耶，成功了！你是最棒的！

第 124 题

难度系数 ★★★★

	8						2	
		1				6		
2				5				3
		6	5		1	2		
7			6		4			9
		4	7		9	3		
6				1				5
		7				9		
	4						3	

耶，成功了！你是最棒的！

第 125 题

难度系数 ★★★★

	1	9	2			5		
7				8		3		
	4		5					
3								
	2		1		7		8	
								1
					4		5	
		5		1				6
		2			6	7	9	

耶,成功了!你是最棒的!

第 126 题

难度系数 ★★★★

	9		5	6	8		2	
	5	6				7	9	
3			4		9			7
4			2		1			8
	7	4				5	1	
	2		1	3	4		7	

耶,成功了!你是最棒的!

第 127 题

难度系数 ★★★★

1								4
2	4	5				7		8
	3		5					
9					3	1		
			8		7			
		7	6				2	
					9		4	
4		2				6	5	3
3								9

耶,成功了!你是最棒的!

第 128 题

难度系数 ★★★★

		1	4					
				7	8	6		1
				5		9		
	8						2	3
	1	3				5	6	
9	5						7	
		5		4				
3		9	1	8				
					7	3		

耶，成功了！你是最棒的！

第 129 题

难度系数 ★★★★

1								9
	6		8		7		5	
		7				2		
2	1			5			9	3
			4		8			
4	3			2			8	7
		1				9		
	5		6		9		4	
6								8

耶,成功了!你是最棒的!

第 130 题

难度系数 ★★★★

			8			2	
4					7	9		
8		3	4					
					5			1
9	4			1			5	2
5			3					
						9	7		3
		9	8					4
	3			6				

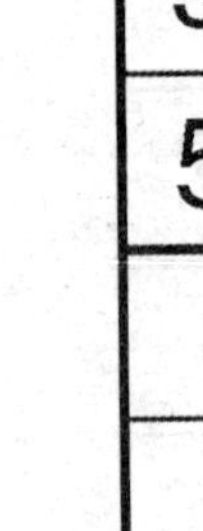

耶，成功了！你是最棒的！

第 *131* 题

难度系数　★★★★

			4	6		5	8	
8		2				5		1
3				2		8		7
				4		6		
2			5		1			6
7		6				4		9
		8	3		9	6		

耶，成功了！你是最棒的！

第 132 题

难度系数 ★★★★

			4	7	5			
4			2		8			9
	7						2	
3								1
	1	5				3	4	
2								8
	6						8	
1			3		7			4
			8	1	2			

耶，成功了！你是最棒的！

第 133 题

难度系数 ★★★★

8					2		4	
				8				3
						1	6	
							3	1
		5	9	6	7	2		
2	4							
	3	1						
6				9				
	5		1					7

耶,成功了!你是最棒的!

第 134 题

难度系数 ★★★★

9		4					2	
		5	9					
	2				8			6
		9					5	8
				8				
6	4					1		
1			2				9	
					1	7		
	7					6		4

耶，成功了！你是最棒的！

答 案

☆☆段位训练答案

1

4	8	9	3	5	1	6	2	7
5	7	6	4	2	8	1	3	9
3	1	2	7	6	9	5	8	4
8	9	3	2	7	6	4	5	1
7	6	4	5	1	3	8	9	2
2	5	1	8	9	4	3	7	6
6	3	5	9	4	7	2	1	8
9	4	8	1	3	2	7	6	5
1	2	7	6	8	5	9	4	3

2

3	9	5	2	1	6	7	4	8
8	4	7	9	3	5	1	6	2
1	6	2	8	4	7	9	3	5
4	3	9	1	5	8	2	7	6
6	2	8	3	7	9	4	5	1
7	5	1	6	2	4	3	8	9
9	7	3	5	6	2	8	1	4
5	8	4	7	9	1	6	2	3
2	1	6	4	8	3	5	9	7

3

4	8	5	7	1	3	6	2	9
7	3	1	2	6	9	5	4	8
6	9	2	5	4	8	1	7	3
8	7	6	9	5	1	2	3	4
5	2	9	3	8	4	7	1	6
3	1	4	6	2	7	8	9	5
2	6	7	4	9	5	3	8	1
1	4	3	8	7	6	9	5	2
9	5	8	1	3	2	4	6	7

4

3	4	6	8	9	7	5	1	2
8	5	2	3	4	1	9	7	6
9	1	7	6	2	5	4	8	3
6	7	9	1	3	8	2	5	4
1	8	4	9	5	2	3	6	7
5	2	3	4	7	6	1	9	8
2	9	8	7	1	4	6	3	5
7	3	5	2	6	9	8	4	1
4	6	1	5	8	3	7	2	9

5

9	2	1	4	7	3	5	8	6
7	8	4	1	5	6	2	9	3
6	3	5	2	9	8	1	7	4
4	5	6	8	3	9	7	2	1
3	7	8	6	1	2	9	4	5
2	1	9	5	4	7	6	3	8
5	4	7	3	2	1	8	6	9
8	9	3	7	6	5	4	1	2
1	6	2	9	8	4	3	5	7

6

9	1	6	8	5	4	2	3	7
5	4	2	1	7	3	6	9	8
8	7	3	6	2	9	1	4	5
7	9	8	3	6	2	4	5	1
1	2	4	9	8	5	7	6	3
3	6	5	7	4	1	9	8	2
6	3	9	2	1	8	5	7	4
4	8	1	5	9	7	3	2	6
2	5	7	4	3	6	8	1	9

答案 DAAN

7

8	7	3	5	4	1	2	6	9
5	9	2	6	3	7	4	8	1
1	4	6	9	2	8	7	5	3
9	8	4	3	6	2	5	1	7
6	3	7	4	1	5	9	2	8
2	1	5	7	8	9	3	4	6
3	6	8	2	7	4	1	9	5
7	2	9	1	5	6	8	3	4
4	5	1	8	9	3	6	7	2

8

1	4	8	7	3	5	6	9	2
6	5	3	9	4	2	1	8	7
7	9	2	6	1	8	3	4	5
4	7	9	8	5	3	2	1	6
3	6	5	2	9	1	8	7	4
2	8	1	4	7	6	9	5	3
9	1	6	5	2	7	4	3	8
8	3	7	1	6	4	5	2	9
5	2	4	3	8	9	7	6	1

9

3	6	2	1	8	7	9	5	4
8	9	1	3	4	5	2	6	7
5	4	7	9	2	6	8	3	1
4	5	9	8	1	2	6	7	3
2	8	3	6	7	4	5	1	9
1	7	6	5	3	9	4	8	2
7	3	4	2	5	8	1	9	6
9	1	8	4	6	3	7	2	5
6	2	5	7	9	1	3	4	8

答案

10

1	8	5	9	7	4	3	2	6
4	9	2	5	6	3	8	1	7
6	3	7	8	2	1	9	4	5
5	6	9	4	1	8	2	7	3
8	7	1	6	3	2	4	5	9
2	4	3	7	5	9	6	8	1
7	2	8	1	9	6	5	3	4
9	1	4	3	8	5	7	6	2
3	5	6	2	4	7	1	9	8

DAAN

11

5	8	1	4	6	2	7	3	9
7	2	6	5	3	9	1	4	8
4	3	9	8	1	7	5	2	6
3	7	8	2	5	4	9	6	1
1	5	2	7	9	6	3	8	4
9	6	4	3	8	1	2	7	5
6	4	7	9	2	5	8	1	3
2	9	3	1	4	8	6	5	7
8	1	5	6	7	3	4	9	2

12

9	8	2	6	1	4	5	7	3
5	3	1	2	9	7	4	6	8
7	6	4	5	8	3	9	2	1
4	7	9	3	5	2	1	8	6
3	2	5	1	6	8	7	9	4
8	1	6	7	4	9	2	3	5
1	4	8	9	2	6	3	5	7
6	9	7	4	3	5	8	1	2
2	5	3	8	7	1	6	4	9

13

2	5	6	8	9	7	4	1	3
7	8	3	6	4	1	5	2	9
1	9	4	5	3	2	8	6	7
9	6	7	2	8	3	1	5	4
3	2	8	1	5	4	9	7	6
4	1	5	9	7	6	3	8	2
8	3	2	4	6	5	7	9	1
5	4	1	7	2	9	6	3	8
6	7	9	3	1	8	2	4	5

14

5	3	6	1	2	8	7	4	9
7	9	4	5	3	6	2	1	8
8	1	2	7	4	9	3	6	5
2	5	3	6	1	4	9	8	7
6	4	9	2	8	7	1	5	3
1	7	8	3	9	5	6	2	4
9	2	1	8	5	3	4	7	6
3	8	7	4	6	1	5	9	2
4	6	5	9	7	2	8	3	1

15

5	6	9	3	1	7	2	4	8
8	1	4	2	9	6	3	5	7
3	7	2	5	8	4	1	9	6
6	2	1	9	4	5	8	7	3
7	8	5	1	3	2	9	6	4
9	4	3	6	7	8	5	1	2
2	3	7	4	5	9	6	8	1
4	9	6	8	2	1	7	3	5
1	5	8	7	6	3	4	2	9

16

4	9	6	3	1	5	7	8	2
5	2	7	4	6	8	9	1	3
8	3	1	7	9	2	5	6	4
3	8	2	1	7	6	4	9	5
1	7	9	2	5	4	6	3	8
6	4	5	9	8	3	2	7	1
9	5	4	6	3	1	8	2	7
7	1	8	5	2	9	3	4	6
2	6	3	8	4	7	1	5	9

17

8	7	3	5	2	9	1	6	4
6	9	1	3	7	4	5	8	2
5	2	4	1	8	6	9	7	3
4	5	7	9	6	1	3	2	8
1	3	8	7	5	2	4	9	6
2	6	9	8	4	3	7	5	1
3	4	2	6	9	5	8	1	7
9	8	6	4	1	7	2	3	5
7	1	5	2	3	8	6	4	9

18

6	3	1	4	5	8	7	2	9
9	8	4	2	6	7	3	5	1
5	7	2	1	3	9	6	4	8
2	9	8	5	1	3	4	6	7
4	1	6	8	7	2	9	3	5
3	5	7	6	9	4	8	1	2
1	2	3	7	8	6	5	9	4
7	4	9	3	2	5	1	8	6
8	6	5	9	4	1	2	7	3

答案 ◀ DAAN

19

5	2	8	1	3	9	6	7	4
4	7	3	2	8	6	5	9	1
9	6	1	4	5	7	3	8	2
6	4	5	9	2	1	8	3	7
2	8	9	7	6	3	1	4	5
1	3	7	8	4	5	9	2	6
7	5	6	3	9	2	4	1	8
8	9	2	6	1	4	7	5	3
3	1	4	5	7	8	2	6	9

20

9	5	2	1	7	3	4	8	6
1	6	4	9	2	8	3	7	5
7	8	3	4	6	5	1	9	2
3	7	9	6	8	1	5	2	4
8	2	5	7	3	4	6	1	9
4	1	6	5	9	2	8	3	7
2	3	7	8	5	6	9	4	1
6	4	8	2	1	9	7	5	3
5	9	1	3	4	7	2	6	8

21

9	6	2	1	7	3	8	5	4
5	7	4	2	8	9	1	6	3
1	3	8	5	6	4	7	9	2
4	2	6	8	5	7	3	1	9
3	8	9	4	2	1	6	7	5
7	1	5	9	3	6	4	2	8
8	4	1	7	9	2	5	3	6
2	5	3	6	1	8	9	4	7
6	9	7	3	4	5	2	8	1

22

7	9	1	8	5	6	3	2	4
6	8	5	2	4	3	7	1	9
3	2	4	1	7	9	5	8	6
9	7	2	3	1	5	4	6	8
8	5	3	4	6	2	9	7	1
1	4	6	9	8	7	2	3	5
5	6	9	7	3	8	1	4	2
4	3	8	5	2	1	6	9	7
2	1	7	6	9	4	8	5	3

答案

23

7	5	3	6	9	2	1	8	4
1	6	9	5	4	8	2	7	3
4	2	8	3	1	7	5	6	9
3	4	6	8	7	5	9	2	1
5	9	1	2	6	4	7	3	8
2	8	7	9	3	1	6	4	5
6	7	4	1	5	3	8	9	2
8	3	5	7	2	9	4	1	6
9	1	2	4	8	6	3	5	7

24

3	5	7	1	8	9	6	2	4
2	4	8	7	3	6	5	1	9
6	1	9	2	5	4	7	8	3
5	6	4	8	9	1	3	7	2
9	7	2	5	4	3	1	6	8
1	8	3	6	7	2	9	4	5
7	2	5	3	6	8	4	9	1
8	9	6	4	1	5	2	3	7
4	3	1	9	2	7	8	5	6

25

3	1	9	5	7	6	8	2	4
2	7	5	4	8	1	9	6	3
8	4	6	2	9	3	7	1	5
7	9	1	3	2	4	5	8	6
6	2	3	8	1	5	4	7	9
4	5	8	7	6	9	2	3	1
9	6	7	1	5	2	3	4	8
5	3	2	6	4	8	1	9	7
1	8	4	9	3	7	6	5	2

26

7	5	8	6	1	2	9	3	4
1	6	4	9	3	7	8	5	2
9	3	2	4	8	5	6	7	1
4	8	5	1	6	9	3	2	7
3	1	6	2	7	8	4	9	5
2	7	9	5	4	3	1	6	8
8	9	3	7	5	4	2	1	6
5	4	1	3	2	6	7	8	9
6	2	7	8	9	1	5	4	3

27

1	5	7	2	3	6	8	4	9
9	3	6	8	1	4	2	7	5
8	2	4	7	9	5	6	1	3
3	4	8	1	7	9	5	2	6
2	6	1	4	5	3	9	8	7
5	7	9	6	2	8	4	3	1
4	8	5	3	6	7	1	9	2
6	1	3	9	4	2	7	5	8
7	9	2	5	8	1	3	6	4

28

5	4	8	2	7	1	6	3	9
9	2	6	5	3	4	8	7	1
7	1	3	9	6	8	4	2	5
2	9	7	1	4	3	5	8	6
3	5	1	6	8	9	2	4	7
8	6	4	7	2	5	9	1	3
1	8	2	3	9	6	7	5	4
6	7	5	4	1	2	3	9	8
4	3	9	8	5	7	1	6	2

29

9	6	3	4	5	8	2	7	1
8	7	5	1	6	2	3	4	9
2	1	4	9	7	3	5	6	8
3	9	1	8	4	5	7	2	6
7	4	2	3	9	6	8	1	5
5	8	6	7	2	1	4	9	3
1	3	7	2	8	9	6	5	4
4	5	8	6	1	7	9	3	2
6	2	9	5	3	4	1	8	7

30

8	3	9	4	2	6	1	7	5
5	2	1	8	7	3	6	9	4
6	4	7	9	1	5	8	2	3
9	6	2	1	3	7	4	5	8
1	7	4	2	5	8	9	3	6
3	8	5	6	4	9	2	1	7
2	5	8	3	9	4	7	6	1
4	1	3	7	6	2	5	8	9
7	9	6	5	8	1	3	4	2

31

4	6	7	9	3	2	1	8	5
1	5	8	7	6	4	2	3	9
9	2	3	1	8	5	7	6	4
8	7	5	4	2	1	6	9	3
3	9	1	6	5	7	4	2	8
2	4	6	8	9	3	5	7	1
7	3	2	5	4	8	9	1	6
6	1	4	3	7	9	8	5	2
5	8	9	2	1	6	3	4	7

32

2	3	8	6	7	9	4	5	1
4	7	5	1	2	3	6	9	8
1	6	9	4	5	8	3	2	7
5	1	7	8	9	6	2	4	3
8	2	4	3	1	5	7	6	9
6	9	3	2	4	7	1	8	5
3	4	6	5	8	1	9	7	2
7	5	2	9	3	4	8	1	6
9	8	1	7	6	2	5	3	4

33

7	2	5	3	6	1	8	9	4
9	4	3	2	7	8	5	6	1
8	1	6	4	9	5	3	2	7
5	9	8	1	3	6	4	7	2
4	3	1	7	8	2	9	5	6
2	6	7	9	5	4	1	3	8
1	7	2	5	4	9	6	8	3
3	8	9	6	1	7	2	4	5
6	5	4	8	2	3	7	1	9

☆☆☆段位训练答案

34

5	3	1	4	9	8	2	7	6
4	7	9	1	6	2	3	5	8
2	6	8	7	5	3	4	1	9
3	5	7	6	1	4	8	9	2
6	8	2	5	3	9	7	4	1
1	9	4	2	8	7	6	3	5
8	2	3	9	4	5	1	6	7
7	1	5	3	2	6	9	8	4
9	4	6	8	7	1	5	2	3

35

1	5	7	4	6	9	3	2	8
9	8	6	1	2	3	7	5	4
4	2	3	5	8	7	1	9	6
3	9	2	8	5	1	4	6	7
7	6	8	2	9	4	5	3	1
5	1	4	7	3	6	9	8	2
2	7	5	9	1	8	6	4	3
6	4	9	3	7	2	8	1	5
8	3	1	6	4	5	2	7	9

36

3	1	8	6	2	7	9	4	5
9	7	6	8	5	4	2	3	1
5	2	4	1	9	3	8	6	7
4	9	2	3	1	5	6	7	8
6	5	3	7	8	2	1	9	4
1	8	7	9	4	6	5	2	3
7	3	5	2	6	8	4	1	9
2	4	9	5	7	1	3	8	6
8	6	1	4	3	9	7	5	2

37

2	6	1	7	3	9	8	5	4
3	5	9	1	4	8	7	2	6
7	4	8	5	6	2	3	1	9
9	8	3	6	5	7	2	4	1
1	7	6	3	2	4	9	8	5
4	2	5	8	9	1	6	7	3
8	1	4	9	7	6	5	3	2
6	3	2	4	8	5	1	9	7
5	9	7	2	1	3	4	6	8

38

1	6	5	9	4	8	3	7	2
2	8	3	1	6	7	9	4	5
9	4	7	3	2	5	6	8	1
8	1	6	7	5	3	2	9	4
5	3	9	4	1	2	7	6	8
7	2	4	6	8	9	1	5	3
6	7	2	8	3	4	5	1	9
3	9	8	5	7	1	4	2	6
4	5	1	2	9	6	8	3	7

答案 ◀ DAAN

39

4	2	7	9	8	3	5	6	1
9	5	1	7	6	2	3	8	4
6	3	8	4	5	1	2	9	7
8	7	4	2	3	9	1	5	6
5	6	2	8	1	7	4	3	9
3	1	9	5	4	6	7	2	8
1	9	6	3	2	4	8	7	5
2	4	5	6	7	8	9	1	3
7	8	3	1	9	5	6	4	2

40

9	4	5	2	7	8	1	6	3
7	8	1	6	3	5	2	4	9
2	6	3	4	9	1	7	8	5
1	3	6	8	5	9	4	7	2
4	2	7	1	6	3	5	9	8
8	5	9	7	2	4	6	3	1
6	1	2	9	8	7	3	5	4
5	7	8	3	4	2	9	1	6
3	9	4	5	1	6	8	2	7

41

1	3	6	4	8	7	2	5	9
8	7	5	2	3	9	1	4	6
9	4	2	6	1	5	8	3	7
6	9	3	5	7	2	4	1	8
5	8	4	9	6	1	3	7	2
2	1	7	3	4	8	6	9	5
4	6	8	7	5	3	9	2	1
3	5	9	1	2	6	7	8	4
7	2	1	8	9	4	5	6	3

42

4	7	3	1	6	8	5	2	9
1	2	9	3	5	4	8	7	6
8	5	6	9	2	7	1	4	3
2	9	8	6	4	1	7	3	5
3	1	7	5	8	2	9	6	4
6	4	5	7	3	9	2	8	1
9	6	4	8	7	5	3	1	2
7	3	1	2	9	6	4	5	8
5	8	2	4	1	3	6	9	7

答

案

43

6	5	2	8	4	1	3	9	7
7	3	1	9	2	6	8	5	4
8	9	4	5	3	7	2	6	1
5	7	8	3	9	2	1	4	6
4	2	3	1	6	5	9	7	8
9	1	6	7	8	4	5	2	3
1	6	7	2	5	3	4	8	9
3	8	5	4	7	9	6	1	2
2	4	9	6	1	8	7	3	5

44

9	2	3	6	1	7	8	4	5
4	1	7	3	8	5	9	2	6
5	8	6	4	9	2	1	7	3
8	4	1	9	5	6	2	3	7
6	7	9	8	2	3	4	5	1
3	5	2	1	7	4	6	8	9
2	9	5	7	6	8	3	1	4
7	6	4	2	3	1	5	9	8
1	3	8	5	4	9	7	6	2

45

1	6	4	9	7	2	3	8	5
3	7	8	1	6	5	2	4	9
5	2	9	3	4	8	7	6	1
7	8	3	2	1	6	5	9	4
4	5	6	7	8	9	1	3	2
2	9	1	5	3	4	6	7	8
8	1	2	6	9	3	4	5	7
6	4	7	8	5	1	9	2	3
9	3	5	4	2	7	8	1	6

46

3	6	1	7	8	4	2	5	9
8	2	9	1	5	6	3	7	4
5	4	7	3	2	9	6	8	1
9	5	4	6	1	3	7	2	8
2	8	6	9	7	5	1	4	3
7	1	3	8	4	2	5	9	6
1	9	8	2	6	7	4	3	5
6	7	5	4	3	8	9	1	2
4	3	2	5	9	1	8	6	7

答案

DAAN

47

9	2	7	3	4	6	8	1	5
3	4	6	8	1	5	9	2	7
8	5	1	9	7	2	6	3	4
1	3	2	7	8	4	5	9	6
6	7	9	1	5	3	2	4	8
4	8	5	2	6	9	1	7	3
2	1	8	5	3	7	4	6	9
5	6	3	4	9	1	7	8	2
7	9	4	6	2	8	3	5	1

48

2	3	4	9	7	6	1	5	8
6	1	5	3	8	2	4	9	7
7	9	8	1	4	5	6	2	3
4	5	3	8	6	7	9	1	2
9	7	2	4	5	1	3	8	6
1	8	6	2	9	3	5	7	4
5	6	1	7	3	8	2	4	9
8	2	9	6	1	4	7	3	5
3	4	7	5	2	9	8	6	1

49

8	1	7	5	4	2	9	3	6
2	3	9	7	8	6	4	1	5
5	4	6	9	1	3	8	2	7
1	6	2	8	5	4	3	7	9
9	5	8	1	3	7	6	4	2
4	7	3	2	6	9	1	5	8
3	8	4	6	7	5	2	9	1
7	9	1	4	2	8	5	6	3
6	2	5	3	9	1	7	8	4

50

2	3	6	9	8	7	5	1	4
7	9	5	2	1	4	6	3	8
1	8	4	6	3	5	2	9	7
9	5	3	8	4	6	7	2	1
6	1	7	3	9	2	8	4	5
4	2	8	5	7	1	9	6	3
8	4	1	7	6	9	3	5	2
5	7	9	4	2	3	1	8	6
3	6	2	1	5	8	4	7	9

答案

DAAN

51

6	7	9	4	2	1	5	8	3
4	5	8	7	9	3	1	2	6
2	1	3	8	6	5	4	7	9
7	9	4	1	3	2	6	5	8
8	3	1	6	5	7	2	9	4
5	6	2	9	4	8	3	1	7
3	2	7	5	8	6	9	4	1
9	8	6	2	1	4	7	3	5
1	4	5	3	7	9	8	6	2

52

8	2	4	5	7	9	6	3	1
3	9	1	2	8	6	7	4	5
6	5	7	1	3	4	2	9	8
7	1	9	4	2	8	3	5	6
2	8	3	7	6	5	9	1	4
4	6	5	9	1	3	8	7	2
5	3	8	6	9	1	4	2	7
1	7	6	3	4	2	5	8	9
9	4	2	8	5	7	1	6	3

53

4	9	8	1	5	6	7	2	3
3	2	1	4	7	9	8	6	5
6	7	5	2	3	8	9	1	4
5	4	7	9	8	1	6	3	2
1	8	3	5	6	2	4	9	7
2	6	9	7	4	3	1	5	8
7	1	4	3	9	5	2	8	6
8	3	2	6	1	7	5	4	9
9	5	6	8	2	4	3	7	1

54

5	4	1	3	7	8	9	6	2
9	2	6	4	1	5	8	7	3
8	3	7	9	2	6	1	4	5
2	6	3	5	4	1	7	8	9
1	7	5	8	3	9	6	2	4
4	8	9	2	6	7	3	5	1
3	5	8	6	9	4	2	1	7
7	9	4	1	8	2	5	3	6
6	1	2	7	5	3	4	9	8

55

9	7	8	2	6	5	1	4	3
6	4	3	1	7	9	8	5	2
1	2	5	3	4	8	7	6	9
5	8	1	6	9	7	3	2	4
7	6	4	5	3	2	9	1	8
2	3	9	8	1	4	6	7	5
3	9	7	4	5	6	2	8	1
8	5	6	9	2	1	4	3	7
4	1	2	7	8	3	5	9	6

56

4	2	1	3	5	6	8	9	7
3	6	7	8	4	9	1	2	5
9	5	8	1	2	7	6	4	3
8	7	6	5	9	2	4	3	1
5	3	9	4	7	1	2	8	6
1	4	2	6	8	3	7	5	9
7	9	4	2	1	5	3	6	8
6	8	5	7	3	4	9	1	2
2	1	3	9	6	8	5	7	4

57

6	7	9	1	5	8	4	3	2
5	2	3	7	4	9	8	1	6
1	4	8	2	6	3	5	9	7
9	6	2	3	8	4	1	7	5
7	8	4	9	1	5	2	6	3
3	1	5	6	2	7	9	8	4
8	9	7	4	3	2	6	5	1
2	3	6	5	9	1	7	4	8
4	5	1	8	7	6	3	2	9

58

5	3	7	4	2	9	8	6	1
6	2	4	3	1	8	9	7	5
8	1	9	6	7	5	3	2	4
2	7	8	5	6	3	1	4	9
9	6	1	2	8	4	5	3	7
4	5	3	1	9	7	2	8	6
7	4	2	8	5	1	6	9	3
3	8	5	9	4	6	7	1	2
1	9	6	7	3	2	4	5	8

59

1	5	8	2	6	4	9	7	3
6	2	3	5	7	9	4	8	1
9	7	4	8	3	1	5	6	2
7	9	6	1	4	3	2	5	8
2	8	1	7	9	5	3	4	6
3	4	5	6	8	2	7	1	9
5	6	7	3	2	8	1	9	4
4	1	2	9	5	6	8	3	7
8	3	9	4	1	7	6	2	5

60

5	2	4	1	7	9	8	3	6
3	9	1	8	5	6	4	2	7
6	8	7	3	4	2	5	9	1
7	4	9	6	2	3	1	8	5
1	6	2	7	8	5	9	4	3
8	5	3	4	9	1	7	6	2
9	1	6	5	3	4	2	7	8
4	3	8	2	1	7	6	5	9
2	7	5	9	6	8	3	1	4

61

7	8	1	2	6	9	3	4	5
3	2	4	7	1	5	6	9	8
5	6	9	4	3	8	1	2	7
2	9	7	3	5	4	8	1	6
4	5	3	1	8	6	9	7	2
8	1	6	9	7	2	5	3	4
9	3	8	6	4	7	2	5	1
6	4	2	5	9	1	7	8	3
1	7	5	8	2	3	4	6	9

62

4	8	7	6	1	9	3	5	2
3	1	2	7	8	5	4	9	6
6	9	5	3	2	4	8	1	7
7	4	6	9	3	2	1	8	5
1	5	8	4	7	6	2	3	9
9	2	3	1	5	8	7	6	4
2	3	9	5	4	1	6	7	8
8	6	1	2	9	7	5	4	3
5	7	4	8	6	3	9	2	1

答案 DAAN

63

8	1	4	5	9	7	3	2	6
3	5	6	8	1	2	9	4	7
2	9	7	3	6	4	5	1	8
4	3	8	2	7	5	6	9	1
9	7	1	4	3	6	2	8	5
5	6	2	9	8	1	4	7	3
1	8	5	6	2	9	7	3	4
6	2	3	7	4	8	1	5	9
7	4	9	1	5	3	8	6	2

64

5	6	4	8	2	1	3	7	9
2	3	1	7	5	9	8	4	6
9	8	7	6	3	4	1	5	2
7	9	6	1	4	5	2	8	3
4	5	8	3	6	2	7	9	1
1	2	3	9	8	7	4	6	5
3	1	5	4	7	6	9	2	8
8	7	2	5	9	3	6	1	4
6	4	9	2	1	8	5	3	7

65

9	6	2	3	4	1	5	7	8
5	3	8	7	2	9	1	6	4
1	7	4	5	6	8	2	3	9
7	5	1	2	8	3	9	4	6
2	9	3	4	5	6	7	8	1
8	4	6	1	9	7	3	5	2
4	2	7	8	1	5	6	9	3
6	8	5	9	3	2	4	1	7
3	1	9	6	7	4	8	2	5

66

4	1	3	9	2	8	5	7	6
9	2	7	5	3	6	4	8	1
6	8	5	4	7	1	2	9	3
3	7	2	1	8	9	6	5	4
1	4	9	3	6	5	8	2	7
5	6	8	7	4	2	1	3	9
8	5	1	6	9	3	7	4	2
2	9	4	8	1	7	3	6	5
7	3	6	2	5	4	9	1	8

答案 ◀ DAAN

☆☆☆☆段位训练答案

67

2	1	4	6	5	3	9	8	7
8	6	9	7	4	2	3	5	1
5	7	3	8	9	1	6	2	4
3	4	7	5	8	9	1	6	2
1	9	8	3	2	6	4	7	5
6	2	5	4	1	7	8	3	9
7	8	2	9	3	4	5	1	6
4	5	6	1	7	8	2	9	3
9	3	1	2	6	5	7	4	8

68

9	5	4	2	3	1	7	8	6
1	7	3	4	6	8	9	2	5
8	6	2	9	5	7	4	3	1
6	9	1	8	7	5	3	4	2
2	3	5	6	9	4	8	1	7
7	4	8	3	1	2	6	5	9
3	1	7	5	4	6	2	9	8
4	8	6	1	2	9	5	7	3
5	2	9	7	8	3	1	6	4

69

4	2	1	6	9	3	8	7	5
7	6	8	2	4	5	3	9	1
9	3	5	8	7	1	4	2	6
8	4	2	1	6	7	5	3	9
3	5	9	4	2	8	6	1	7
1	7	6	5	3	9	2	8	4
6	9	7	3	8	4	1	5	2
5	8	4	7	1	2	9	6	3
2	1	3	9	5	6	7	4	8

70

1	2	8	9	7	6	4	3	5
9	7	5	8	4	3	1	2	6
4	3	6	5	1	2	7	9	8
3	1	9	2	6	8	5	7	4
2	5	4	7	9	1	6	8	3
8	6	7	3	5	4	2	1	9
6	4	2	1	3	9	8	5	7
7	9	1	6	8	5	3	4	2
5	8	3	4	2	7	9	6	1

SHUDU

答

案

◀

DAAN

71

5	6	2	9	4	7	1	3	8
9	7	3	8	5	1	6	2	4
8	4	1	6	2	3	7	9	5
6	8	4	5	1	9	2	7	3
1	3	7	4	8	2	9	5	6
2	9	5	3	7	6	8	4	1
3	1	9	7	6	5	4	8	2
4	5	6	2	9	8	3	1	7
7	2	8	1	3	4	5	6	9

72

4	8	3	2	1	6	5	9	7
9	1	6	7	5	8	4	2	3
7	5	2	9	4	3	6	8	1
6	4	5	3	7	9	8	1	2
8	3	9	5	2	1	7	6	4
1	2	7	8	6	4	9	3	5
2	6	8	4	3	5	1	7	9
3	9	4	1	8	7	2	5	6
5	7	1	6	9	2	3	4	8

73

1	4	7	2	6	3	5	8	9
8	5	6	9	4	1	2	3	7
9	2	3	7	5	8	4	6	1
6	7	2	1	9	5	8	4	3
5	3	9	6	8	4	1	7	2
4	1	8	3	2	7	6	9	5
3	9	4	8	1	2	7	5	6
7	8	1	5	3	6	9	2	4
2	6	5	4	7	9	3	1	8

74

6	4	9	7	3	2	1	8	5
7	5	2	6	1	8	3	4	9
3	1	8	4	5	9	2	7	6
8	3	5	2	6	1	4	9	7
9	7	6	8	4	3	5	2	1
4	2	1	5	9	7	8	6	3
1	8	3	9	2	6	7	5	4
2	6	4	3	7	5	9	1	8
5	9	7	1	8	4	6	3	2

75

2	9	8	5	4	6	3	1	7
5	6	4	7	1	3	2	9	8
1	7	3	8	9	2	4	6	5
6	2	1	4	5	9	8	7	3
9	3	5	2	8	7	1	4	6
4	8	7	3	6	1	9	5	2
7	5	2	1	6	4	6	8	9
8	1	9	6	2	5	7	3	4
3	4	6	9	7	8	5	2	1

76

8	3	1	6	5	9	7	4	2
2	6	9	4	7	1	3	5	8
4	5	7	3	8	2	6	9	1
6	2	5	1	9	4	8	7	3
7	8	4	5	6	3	2	1	9
9	1	3	8	2	7	5	6	4
3	7	6	9	1	8	4	2	5
5	9	8	2	4	6	1	3	7
1	4	2	7	3	5	9	8	6

77

9	5	2	8	4	3	6	1	7
3	1	6	5	2	7	9	8	4
8	7	4	6	1	9	5	2	3
2	8	7	4	6	1	3	5	9
4	9	3	2	7	5	1	6	8
5	6	1	3	9	8	4	7	2
6	3	9	1	8	2	7	4	5
1	2	5	7	3	4	8	9	6
7	4	8	9	5	6	2	3	1

78

3	4	7	8	6	5	9	1	2
8	1	5	2	3	9	4	6	7
2	9	6	7	1	4	8	3	5
7	6	8	1	4	3	5	2	9
9	5	4	6	7	2	1	8	3
1	2	3	5	9	8	6	7	4
6	7	9	3	5	1	2	4	8
5	3	2	4	8	6	7	9	1
4	8	1	9	2	7	3	5	6

79

6	4	7	1	5	2	9	3	8
9	5	8	6	4	3	7	1	2
3	1	2	8	9	7	6	5	4
8	3	4	5	2	6	1	7	9
7	2	5	3	1	9	4	8	6
1	6	9	7	8	4	3	2	5
4	9	3	2	7	5	8	6	1
2	8	6	4	3	1	5	9	7
5	7	1	9	6	8	2	4	3

80

4	7	2	1	5	9	8	3	6
1	9	6	3	2	8	4	7	5
3	5	8	6	7	4	2	1	9
5	6	1	8	3	7	9	4	2
9	4	7	2	6	1	5	8	3
2	8	3	9	4	5	7	6	1
8	2	4	5	1	6	3	9	7
7	1	5	4	9	3	6	2	8
6	3	9	7	8	2	1	5	4

81

5	2	1	4	3	8	9	7	6
7	8	4	1	6	9	2	5	3
3	9	6	7	5	2	8	1	4
2	4	3	6	1	7	5	9	8
1	5	7	9	8	3	6	4	2
9	6	8	5	2	4	7	3	1
4	3	5	8	9	6	1	2	7
8	1	2	3	7	5	4	6	9
6	7	9	2	4	1	3	8	5

82

3	5	6	4	8	7	2	1	9
2	8	9	1	3	5	6	7	4
4	7	1	2	6	9	5	8	3
9	6	7	3	2	4	1	5	8
5	1	4	9	7	8	3	2	6
8	2	3	6	5	1	9	4	7
7	3	8	5	9	2	4	6	1
6	4	5	7	1	3	8	9	2
1	9	2	8	4	6	7	3	5

答案 DAAN

83

4	6	1	9	5	7	3	2	8
8	3	2	6	1	4	7	9	5
7	5	9	8	2	3	6	4	1
2	7	4	3	9	1	8	5	6
9	1	6	4	8	5	2	7	3
3	8	5	2	7	6	9	1	4
5	4	3	7	6	2	1	8	9
6	9	7	1	4	8	5	3	2
1	2	8	5	3	9	4	6	7

84

9	3	8	2	6	7	4	1	5
2	1	6	9	4	5	7	3	8
4	7	5	8	1	3	6	9	2
3	9	4	5	7	2	8	6	1
7	5	1	3	8	6	2	4	9
6	8	2	1	9	4	5	7	3
8	2	7	6	3	1	9	5	4
1	4	9	7	5	8	3	2	6
5	6	3	4	2	9	1	8	7

85

1	2	7	3	5	4	9	6	8
4	6	8	2	7	9	5	1	3
3	5	9	8	6	1	2	4	7
6	3	5	9	4	8	1	7	2
2	8	4	6	1	7	3	5	9
7	9	1	5	2	3	4	8	6
8	4	6	1	9	2	7	3	5
5	7	2	4	3	6	8	9	1
9	1	3	7	8	5	6	2	4

86

1	3	6	8	7	2	4	9	5
7	8	9	5	3	4	1	6	2
2	4	5	1	6	9	3	8	7
9	1	3	4	8	7	5	2	6
8	7	4	6	2	5	9	1	3
5	6	2	3	9	1	8	7	4
3	2	1	7	5	8	6	4	9
4	5	7	9	1	6	2	3	8
6	9	8	2	4	3	7	5	1

答案 DAAN

87

5	2	3	8	9	1	6	7	4
9	6	8	7	4	2	1	5	3
1	7	4	5	3	6	2	9	8
6	5	7	2	1	4	8	3	9
3	1	2	9	8	5	4	6	7
4	8	9	3	6	7	5	2	1
7	9	6	4	5	8	3	1	2
8	3	5	1	2	9	7	4	6
2	4	1	6	7	3	9	8	5

88

2	7	3	1	6	8	9	5	4
9	5	4	3	7	2	6	1	8
6	8	1	5	4	9	7	3	2
7	9	6	4	2	1	3	8	5
5	1	8	7	9	3	2	4	6
4	3	2	6	8	5	1	7	9
8	6	7	2	3	4	5	9	1
1	2	9	8	5	7	4	6	3
3	4	5	9	1	6	8	2	7

89

8	2	6	1	4	9	5	3	7
5	1	4	7	3	6	9	2	8
7	3	9	2	5	8	1	4	6
3	9	8	6	2	7	4	1	5
1	6	5	3	9	4	7	8	2
2	4	7	5	8	1	3	6	9
6	8	1	4	7	5	2	9	3
4	5	3	9	6	2	8	7	1
9	7	2	8	1	3	6	5	4

90

8	6	5	9	4	7	3	1	2
2	9	7	5	3	1	4	8	6
4	1	3	6	2	8	5	7	9
9	7	2	3	8	4	1	6	5
3	5	6	1	7	9	8	2	4
1	8	4	2	6	5	7	9	3
5	3	9	8	1	2	6	4	7
7	2	8	4	5	6	9	3	1
6	4	1	7	9	3	2	5	8

答案 DAAN

91

4	5	9	6	8	1	3	2	7
3	7	1	9	2	5	8	6	4
6	8	2	7	4	3	5	1	9
5	1	6	4	7	9	2	8	3
2	4	8	5	3	6	9	7	1
9	3	7	2	1	8	6	4	5
1	6	5	8	9	7	4	3	2
8	2	3	1	5	4	7	9	6
7	9	4	3	6	2	1	5	8

92

1	7	2	9	4	8	6	5	3
3	5	4	7	1	6	8	9	2
6	9	8	3	5	2	7	1	4
8	3	9	2	7	1	5	4	6
7	4	6	5	8	9	3	2	1
2	1	5	4	6	3	9	8	7
9	8	3	1	2	7	4	6	5
5	6	1	8	3	4	2	7	9
4	2	7	6	9	5	1	3	8

93

8	2	1	3	6	7	9	5	4
6	9	4	2	5	8	7	3	1
5	7	3	1	9	4	2	8	6
7	5	9	4	8	2	1	6	3
4	1	2	6	7	3	5	9	8
3	8	6	9	1	5	4	2	7
1	6	5	7	3	9	8	4	2
9	4	7	8	2	6	3	1	5
2	3	8	5	4	1	6	7	9

答

94

1	7	3	5	4	9	8	2	6
6	4	8	1	2	7	5	3	9
5	2	9	8	6	3	7	4	1
2	3	1	7	8	5	9	6	4
8	5	6	3	9	4	2	1	7
7	9	4	2	1	6	3	5	8
4	6	2	9	3	8	1	7	5
9	1	7	4	5	2	6	8	3
3	8	5	6	7	1	4	9	2

案

DAAN

95

1	7	2	8	5	9	4	3	6
9	8	3	4	2	6	7	5	1
4	6	5	1	3	7	9	8	2
8	2	4	3	6	1	5	9	7
3	9	7	5	8	2	1	6	4
5	1	6	9	7	4	8	2	3
7	3	1	6	9	5	2	4	8
2	5	8	7	4	3	6	1	9
6	4	9	2	1	8	3	7	5

96

9	4	7	2	1	6	5	8	3
5	1	6	8	4	3	2	7	9
2	3	8	9	5	7	1	4	6
7	5	3	4	8	1	6	9	2
4	8	1	6	2	9	3	5	7
6	9	2	3	7	5	4	1	8
1	7	9	5	6	2	8	3	4
8	2	5	7	3	4	9	6	1
3	6	4	1	9	8	7	2	5

97

5	6	3	1	4	8	7	9	2
9	2	1	3	7	5	8	6	4
7	8	4	9	6	2	5	3	1
4	5	2	6	3	9	1	7	8
3	1	9	5	8	7	2	4	6
6	7	8	4	2	1	3	5	9
8	9	7	2	5	6	4	1	3
1	4	5	8	9	3	6	2	7
2	3	6	7	1	4	9	8	5

98

2	8	9	3	4	7	6	1	5
7	5	4	1	8	6	2	3	9
1	3	6	9	5	2	4	7	8
9	2	8	6	3	4	1	5	7
5	4	1	7	2	8	3	9	6
6	7	3	5	9	1	8	4	2
8	9	5	4	6	3	7	2	1
3	6	7	2	1	9	5	8	4
4	1	2	8	7	5	9	6	3

答案 ◀ DAAN

99

7	9	4	1	2	3	6	8	5
1	6	3	8	4	5	7	9	2
2	8	5	9	6	7	1	4	3
8	7	1	2	5	9	4	3	6
4	3	2	7	1	6	8	5	9
9	5	6	4	3	8	2	1	7
3	4	8	5	7	2	9	6	1
6	2	9	3	8	1	5	7	4
5	1	7	6	9	4	3	2	8

100

2	5	1	8	4	9	7	6	3
7	4	9	2	3	6	5	1	8
8	3	6	7	5	1	4	9	2
9	2	5	3	1	4	8	7	6
1	6	8	5	2	7	3	4	9
3	7	4	6	9	8	1	2	5
5	1	7	9	8	2	6	3	4
6	8	2	4	7	3	9	5	1
4	9	3	1	6	5	2	8	7

☆☆☆☆☆段位训练答案

101

6	2	4	9	7	5	1	3	8
7	1	5	3	4	8	2	6	9
8	3	9	6	2	1	4	5	7
2	5	8	7	1	9	3	4	6
9	7	3	5	6	4	8	2	1
1	4	6	2	8	3	7	9	5
4	9	7	8	5	2	6	1	3
5	8	2	1	3	6	9	7	4
3	6	1	4	9	7	5	8	2

102

5	9	8	7	6	1	3	2	4
4	3	1	2	9	5	8	6	7
7	6	2	4	8	3	5	9	1
8	5	7	6	1	4	9	3	2
6	1	4	9	3	2	7	8	5
9	2	3	5	7	8	4	1	6
2	4	9	8	5	6	1	7	3
1	8	5	3	2	7	6	4	9
3	7	6	1	4	9	2	5	8

103

2	5	6	3	1	7	8	9	4
8	4	3	5	9	2	6	7	1
7	1	9	4	8	6	3	2	5
1	2	7	8	6	4	5	3	9
3	6	8	7	5	9	1	4	2
5	9	4	1	2	3	7	8	6
4	7	5	2	3	1	9	6	8
9	8	2	6	7	5	4	1	3
6	3	1	9	4	8	2	5	7

104

5	2	7	8	3	1	4	9	6
1	9	6	4	7	5	3	8	2
3	8	4	9	6	2	7	1	5
4	7	9	2	1	6	5	3	8
2	5	3	7	9	8	6	4	1
6	1	8	3	5	4	2	7	9
8	6	5	1	4	3	9	2	7
7	3	1	6	2	9	8	5	4
9	4	2	5	8	7	1	6	3

105

6	9	1	8	2	7	3	5	4
2	4	5	3	9	1	6	7	8
7	8	3	4	6	5	2	9	1
9	2	7	5	4	8	1	6	3
8	1	4	9	3	6	7	2	5
5	3	6	1	7	2	4	8	9
4	7	8	6	1	9	5	3	2
3	6	9	2	5	4	8	1	7
1	5	2	7	8	3	9	4	6

106

1	9	5	6	2	4	8	3	7
6	3	7	9	8	1	2	5	4
4	8	2	5	3	7	6	1	9
9	1	3	8	4	5	7	6	2
7	2	8	1	6	9	3	4	5
5	6	4	2	7	3	1	9	8
8	4	6	3	5	2	9	7	1
3	5	1	7	9	8	4	2	6
2	7	9	4	1	6	5	8	3

答案 DAAN

107

3	7	8	5	2	4	1	6	9
2	5	9	3	1	6	8	4	7
4	6	1	8	9	7	3	5	2
5	3	7	1	6	2	4	9	8
8	1	2	9	4	3	5	7	6
6	9	4	7	5	8	2	3	1
1	2	3	6	7	5	9	8	4
7	4	5	2	8	9	6	1	3
9	8	6	4	3	1	7	2	5

108

3	8	4	2	5	6	9	1	7
1	6	5	8	7	9	4	3	2
2	7	9	4	1	3	8	6	5
8	2	6	5	3	1	7	9	4
4	9	1	7	2	8	6	5	3
7	5	3	9	6	4	1	2	8
6	4	2	1	8	5	3	7	9
9	3	7	6	4	2	5	8	1
5	1	8	3	9	7	2	4	6

109

8	2	7	4	3	6	1	9	5
3	4	5	8	1	9	7	6	2
9	1	6	7	2	5	8	4	3
5	9	2	3	7	1	6	8	4
1	6	8	2	5	4	3	7	9
4	7	3	6	9	8	5	2	1
7	3	9	5	8	2	4	1	6
6	5	1	9	4	7	2	3	8
2	8	4	1	6	3	9	5	7

110

7	6	2	5	4	9	8	1	3
1	5	9	7	3	8	2	6	4
8	3	4	1	6	2	9	5	7
4	2	1	9	7	3	5	8	6
5	9	3	6	8	1	7	4	2
6	8	7	4	2	5	3	9	1
9	4	8	2	1	7	6	3	5
2	1	5	3	9	6	4	7	8
3	7	6	8	5	4	1	2	9

111

2	6	8	1	9	5	4	7	3
7	3	4	8	2	6	5	1	9
5	1	9	3	4	7	2	8	6
4	8	1	5	6	9	7	3	2
9	7	2	4	1	3	6	5	8
3	5	6	2	7	8	1	9	4
6	4	7	9	3	1	8	2	5
8	2	3	7	5	4	9	6	1
1	9	5	6	8	2	3	4	7

112

9	2	7	5	6	3	4	8	1
1	8	3	2	4	9	7	6	5
4	5	6	7	8	1	3	9	2
6	3	5	1	2	8	9	7	4
7	4	9	6	3	5	2	1	8
2	1	8	9	7	4	5	3	6
8	6	4	3	5	7	1	2	9
5	7	1	8	9	2	6	4	3
3	9	2	4	1	6	8	5	7

113

7	3	1	2	9	4	5	6	8
9	2	6	1	5	8	4	3	7
8	5	4	6	7	3	2	1	9
1	7	2	3	6	9	8	5	4
5	4	8	7	1	2	6	9	3
3	6	9	8	4	5	7	2	1
4	1	5	9	2	7	3	8	6
6	8	7	5	3	1	9	4	2
2	9	3	4	8	6	1	7	5

114

6	9	7	4	3	5	8	1	2
5	3	1	7	8	2	4	9	6
8	2	4	1	6	9	3	7	5
9	8	3	5	1	4	2	6	7
4	7	5	9	2	6	1	8	3
2	1	6	3	7	8	5	4	9
3	6	2	8	4	7	9	5	1
1	4	9	6	5	3	7	2	8
7	5	8	2	9	1	6	3	4

115

7	6	1	2	8	9	5	4	3
8	5	2	4	1	3	9	7	6
9	3	4	7	6	5	8	1	2
6	8	5	9	3	7	4	2	1
3	1	9	6	4	2	7	5	8
2	4	7	1	5	8	6	3	9
4	7	8	3	2	6	1	9	5
1	2	6	5	9	4	3	8	7
5	9	3	8	7	1	2	6	4

116

6	1	7	9	4	2	8	3	5
4	9	3	8	7	5	6	2	1
5	8	2	1	3	6	4	7	9
7	4	9	2	6	3	1	5	8
3	5	8	4	9	1	2	6	7
1	2	6	5	8	7	3	9	4
2	6	1	7	5	4	9	8	3
8	3	5	6	1	9	7	4	2
9	7	4	3	2	8	5	1	6

117

8	4	2	1	9	3	7	6	5
9	7	3	2	6	5	4	1	8
5	1	6	7	4	8	3	9	2
6	8	5	9	3	4	2	7	1
4	3	7	6	1	2	8	5	9
2	9	1	5	8	7	6	4	3
7	6	8	3	5	9	1	2	4
1	5	4	8	2	6	9	3	7
3	2	9	4	7	1	5	8	6

118

5	3	1	9	6	8	7	4	2
8	9	4	3	2	7	5	6	1
6	2	7	5	1	4	3	9	8
3	5	6	8	4	2	1	7	9
4	8	2	7	9	1	6	5	3
1	7	9	6	3	5	8	2	4
2	4	3	1	5	6	9	8	7
7	1	5	2	8	9	4	3	6
9	6	8	4	7	3	2	1	5

119

5	9	6	3	8	7	4	1	2
7	1	3	4	9	2	8	5	6
2	4	8	6	5	1	3	7	9
3	5	2	7	6	4	1	9	8
6	7	1	9	2	8	5	4	3
9	8	4	1	3	5	2	6	7
1	2	5	8	7	6	9	3	4
8	6	9	5	4	3	7	2	1
4	3	7	2	1	9	6	8	5

120

5	1	6	4	3	9	7	8	2
3	8	4	7	1	2	5	6	9
2	7	9	5	6	8	4	1	3
8	2	3	6	9	4	1	7	5
4	5	7	2	8	1	9	3	6
9	6	1	3	5	7	2	4	8
7	3	2	9	4	6	8	5	1
6	4	8	1	2	5	3	9	7
1	9	5	8	7	3	6	2	4

121

1	8	5	2	3	4	6	7	9
7	4	2	1	6	9	5	3	8
3	6	9	5	8	7	2	4	1
4	9	6	7	2	8	1	5	3
2	3	8	4	1	5	9	6	7
5	1	7	6	9	3	8	2	4
9	7	3	8	5	6	4	1	2
8	5	1	3	4	2	7	9	6
6	2	4	9	7	1	3	8	5

122

8	6	5	3	4	9	1	2	7
4	2	9	5	1	7	8	6	3
7	1	3	8	2	6	5	4	9
5	4	8	2	7	1	3	9	6
2	3	6	4	9	8	7	1	5
9	7	1	6	3	5	4	8	2
3	5	4	9	8	2	6	7	1
1	8	2	7	6	3	9	5	4
6	9	7	1	5	4	2	3	8

123

9	5	6	3	4	7	1	2	8
2	8	1	9	5	6	4	3	7
3	7	4	1	2	8	9	6	5
8	6	3	4	7	1	5	9	2
4	2	9	5	6	3	8	7	1
7	1	5	2	8	9	3	4	6
5	3	8	6	9	2	7	1	4
1	4	2	7	3	5	6	8	9
6	9	7	8	1	4	2	5	3

124

4	8	3	1	9	6	5	2	7
5	7	1	3	4	2	6	9	8
2	6	9	8	5	7	4	1	3
3	9	6	5	8	1	2	7	4
7	1	2	6	3	4	8	5	9
8	5	4	7	2	9	3	6	1
6	2	8	9	1	3	7	4	5
1	3	7	4	6	5	9	8	2
9	4	5	2	7	8	1	3	6

125

8	1	9	2	6	3	5	4	7
7	5	6	4	8	9	3	1	2
2	4	3	5	7	1	8	6	9
3	6	1	8	4	2	9	7	5
5	2	4	1	9	7	6	8	3
9	7	8	6	3	5	4	2	1
6	3	7	9	2	4	1	5	8
4	9	5	7	1	8	2	3	6
1	8	2	3	5	6	7	9	4

126

1	9	7	5	6	8	3	2	4
2	4	3	9	1	7	8	5	6
8	5	6	3	4	2	7	9	1
3	8	2	4	5	9	1	6	7
7	1	9	6	8	3	2	4	5
4	6	5	2	7	1	9	3	8
9	7	4	8	2	6	5	1	3
6	3	1	7	9	5	4	8	2
5	2	8	1	3	4	6	7	9

答案 DAAN

127

1	6	9	7	8	2	5	3	4
2	4	5	9	3	1	7	6	8
7	3	8	5	4	6	9	2	1
9	8	4	2	5	3	1	7	6
6	2	3	8	1	7	4	9	5
5	1	7	6	9	4	3	8	2
8	5	1	3	6	9	2	4	7
4	9	2	1	7	8	6	5	3
3	7	6	4	2	5	8	1	9

128

8	9	1	4	3	6	2	5	7
5	2	4	9	7	8	6	3	1
6	3	7	2	5	1	9	8	4
4	8	6	7	9	5	1	2	3
7	1	3	8	2	4	5	6	9
9	5	2	6	1	3	4	7	8
2	7	5	3	4	9	8	1	6
3	6	9	1	8	2	7	4	5
1	4	8	5	6	7	3	9	2

129

1	4	5	2	6	3	8	7	9
3	6	2	8	9	7	1	5	4
9	8	7	1	4	5	2	3	6
2	1	8	7	5	6	4	9	3
5	7	9	4	3	8	6	2	1
4	3	6	9	2	1	5	8	7
7	2	1	3	8	4	9	6	5
8	5	3	6	1	9	7	4	2
6	9	4	5	7	2	3	1	8

130

7	9	1	5	8	3	4	2	6
4	5	6	1	2	7	9	3	8
8	2	3	4	9	6	1	7	5
3	6	2	9	7	5	8	4	1
9	4	7	6	1	8	3	5	2
5	1	8	3	4	2	6	9	7
6	8	4	2	5	9	7	1	3
2	7	9	8	3	1	5	6	4
1	3	5	7	6	4	2	8	9

131

6	5	9	1	8	3	7	2	4
1	7	4	6	2	5	8	9	3
8	3	2	9	4	7	5	6	1
3	6	5	2	9	8	1	4	7
9	8	1	4	7	6	3	5	2
2	4	7	5	3	1	9	8	6
7	1	6	8	5	2	4	3	9
4	2	8	3	1	9	6	7	5
5	9	3	7	6	4	2	1	8

132

9	2	1	4	7	5	8	3	6
4	5	6	2	3	8	7	1	9
8	7	3	6	9	1	4	2	5
3	4	8	5	2	6	9	7	1
6	1	5	7	8	9	3	4	2
2	9	7	1	4	3	5	6	8
7	6	2	9	5	4	1	8	3
1	8	9	3	6	7	2	5	4
5	3	4	8	1	2	6	9	7

133

8	7	3	6	1	2	9	4	5
1	6	4	5	8	9	7	2	3
5	2	9	7	4	3	1	6	8
7	9	6	8	2	4	5	3	1
3	1	5	9	6	7	2	8	4
2	4	8	3	5	1	6	7	9
9	3	1	2	7	8	4	5	6
6	8	7	4	9	5	3	1	2
4	5	2	1	3	6	8	9	7

134

9	1	4	6	3	7	8	2	5
8	6	5	9	4	2	3	7	1
3	2	7	1	5	8	9	4	6
7	3	9	4	1	6	2	5	8
2	5	1	3	8	9	4	6	7
6	4	8	7	2	5	1	3	9
1	8	6	2	7	4	5	9	3
4	9	3	5	6	1	7	8	2
5	7	2	8	9	3	6	1	4